AF486938

mazeTopia

MazeTopia

mazeTopia

mazeTopia

mazeTopia

MazeTopia

mazeTopia

MazeTopia

mazeTopia

mazeTopia

mazeTopia

mazeTopia

MazeTopia

mazeTopia

MazeTopia

MazeTopia

MazeTopia

MazeTopia

mazeTopia

MazeTopia

mazeTopia

MazeTopia

mazeTopia

MazeTopia

mazeTopia

MazeTopia

mazeTopia

mazeTopia

MazeTopia

MazeTopia

MazeTopia

MazeTopia

mazeTopia

MazeTopia

mazeTopia

mazeTopia

MazeTopia

mazeTopia

MazeTopia

mazeTopia

MazeTopia

MazeTopia

MazeTopia

mazeTopia

MazeTopia

mazeTopia

mazeTopia

MazeTopia

MazeTopia

THX FOR PLAYING

MADE BY:

Tim Johann Stark